# Terrazas incas

**Ben Nussbaum**

✳ Smithsonian

T0027057

## Autora contribuyente

**Alison Duarte**

## Asesoras

**Amy Van Allen, Ph.D.**
Gerenta general de proyectos
National Museum of the American Indian

**Tanya Thrasher (nación cheroqui)**
Gerenta de publicaciones y editora en jefe
National Museum of the American Indian

**Stephanie Anastasopoulos, M.Ed.**
TOSA, Integración de CTRIAM
Distrito Escolar de Solana Beach

### Créditos de publicación

Rachelle Cracchiolo, M.S.Ed., *Editora*
Diana Kenney, M.A.Ed., NBCT, *Realizadora de la serie*
Véronique Bos, *Directora creativa*
Caroline Gasca, M.S.Ed., *Gerenta general de contenido*
Smithsonian Science Education Center

**Créditos de imágenes:** pág.8 Shiona Webster/Alamy; pág.9 (superior) Wendy White/Alamy; pág.14 (recuadro) Library of Congress [LC-DIG-hec-15992]; pág.19 Peter Horree/Alamy; pág.23 McKay Savage; pág.26 (recuadro) Cookie/Anna; págs.26–27 Laurent Giraudou/Sygma a través de Getty Images; todas las demás imágenes cortesía de iStock y/o Shutterstock.

**Library of Congress Cataloging-in-Publication Data**

Names: Nussbaum, Ben, 1975- author. | Smithsonian Institution.
Title: Terrazas incas / Ben Nussbaum.
Other titles: Inca terraces. Spanish
Description: Huntington Beach : Teacher Created Materials, [2022] | Includes index. | Audience: Grades 4-6 | Summary: "The Inka were master farmers, builders, and planners. Living in the Andes Mountains, they farmed and built on steep slopes. In the winter, water can be a destructive, unpredictable force. The Inka controlled water through careful study and engineering. From terraces for farming to royal palaces, the Inka built things to last. Today, people still marvel at the awesome Inka"-- Provided by publisher.
Identifiers: LCCN 2021049478 (print) | LCCN 2021049479 (ebook) | ISBN 9781087644479 (paperback) | ISBN 9781087644943 (epub)
Subjects: LCSH: Incas--History--Juvenile literature. | Incas--Social life and customs--Juvenile literature. | Peru--Civilization--Juvenile literature. | Peru--Historical geography--Juvenile literature.
Classification: LCC F3429 .N8718 2022 (print) | LCC F3429 (ebook) | DDC 985/.019--dc23/eng/20211026
LC record available at https://lccn.loc.gov/2021049478
LC ebook record available at https://lccn.loc.gov/2021049479

## Teacher Created Materials

5301 Oceanus Drive
Huntington Beach, CA 92649-1030
www.tcmpub.com
**ISBN 978-1-0876-4447-9**

# Contenido

# En la tierra de los incas

En las empinadas montañas de los Andes, en América del Sur, se ven líneas que parecen escalones gigantes. Esos escalones en realidad son terrazas. Se extienden por las laderas de colinas y montañas. Se construyeron hace mucho tiempo, en la época del Imperio inca. Las terrazas les permitían a los agricultores incas tener tierras **fértiles** donde sembrar sus cultivos.

Las terrazas también ayudaban a los incas a controlar el agua. Cuando baja a toda velocidad por una montaña durante una tormenta, el agua puede arrastrar parte de la tierra y provocar deslizamientos de lodo. Las terrazas reducían la velocidad del agua para que el suelo pudiera absorberla.

Los incas combinaban las terrazas con otros modos de manejar el agua. En muchos lugares, construyeron **canales** para llevar agua a los campos de cultivo. Los canales incluso llevaban agua fresca a las puertas de la realeza inca.

Hace casi quinientos años, exploradores españoles invadieron el Imperio inca. Introdujeron nuevos cultivos y nuevas formas de cultivar. Algunas personas dejaron de usar las terrazas y olvidaron cómo construirlas. Los canales incaicos se llenaron de rocas, tierra y plantas.

En la actualidad, **arqueólogos** y agricultores del lugar trabajan juntos para preservar las construcciones que hicieron los incas. Están **restaurando** las terrazas y destapando los canales. Los agricultores han vuelto a plantar cultivos antiguos. En la tierra de los incas, las personas están empezando a darse cuenta de que las maneras tradicionales de cultivar quizás siguen siendo las mejores.

Los Andes son la cadena montañosa más larga del mundo. Es casi tres veces más larga que la cordillera de los Apalaches, en Estados Unidos.

# Terrazas fabulosas

Las colinas y las montañas quizá sean hermosas, pero no son el mejor lugar para cultivar. Uno de los problemas es que, cuando llueve mucho, el agua fluye cuesta abajo en lugar de ser absorbida por el suelo. En consecuencia, la base de la colina absorbe más agua que la cima. Otro problema es la **erosión**. Con el paso del tiempo, la corriente de agua se lleva parte del suelo fértil donde crecen las plantas. El agua de lluvia también puede llevarse semillas y destruir plantas.

El cultivo en terrazas es una gran solución. En la actualidad, se usan terrazas en muchas partes del mundo. En Asia, es común ver terrazas de cultivos de arroz. En Europa, pueden verse terrazas con filas de parras que forman **viñedos**. En Estados Unidos, los agricultores conducen tractores sobre amplias terrazas plantadas con trigo y soja. Muchas personas usan muros de contención en sus jardines. Ese es un tipo de terraza sencillo.

Los incas no inventaron las terrazas. Mejoraron y combinaron técnicas que ya existían. Luego, transmitieron sus nuevos métodos de cultivo y construcción a todo el imperio.

muros de contención en un jardín

cultivos de arroz en terrazas en Yangshuo, China

En el Imperio inca, las personas no pagaban impuestos con dinero. En cambio, tenían que pasar parte del año trabajando para el Estado. Así, los incas lograron crear una vasta cantidad de terrazas, canales, caminos, edificios y otras estructuras.

Las terrazas comienzan con fuertes muros de piedra. Los incas empujaban o cargaban cada una de las pesadas piedras hasta el lugar donde debían colocarlas, las cortaban con herramientas sencillas y las levantaban para ponerlas en su lugar.

Los incas no usaban argamasa, el pegamento denso que une las piedras o los ladrillos en las casas modernas. En cambio, dominaban el arte de encajar las piedras con tanta precisión que la gravedad alcanzaba para mantenerlas en su lugar.

Los muros de las terrazas incas son tan resistentes que algunos incluso tienen escaleras flotantes. Las piedras largas que sobresalen de los muros forman los escalones. Esos escalones flotantes no parecen muy fuertes, pero han resistido el paso de los siglos.

Los incas también construían drenajes en los muros de las terrazas. Cuando la tierra detrás del muro está muy mojada, parte de esa humedad puede filtrarse a través del muro y seguir su camino cuesta abajo.

Los incas eran constructores muy habilidosos. Construían las cosas con cuidado para que duraran mucho tiempo.

Los incas usaron piedras blancas para crear esta llama en el muro de una terraza en Perú.

Este hombre usa una *chakitaqlla*.

# TECNOLOGÍA

## El poder de los pies

Las herramientas de los incas tenían que ser livianas y fáciles de llevar para que los agricultores pudieran subirlas y bajarlas de las terrazas. En lugar de arrastrar un arado pesado con ayuda de un buey o un caballo, los incas usaban una *chakitaqlla* para romper el suelo duro antes de plantar las semillas. Clavaban esos palos largos y puntiagudos en el suelo presionando una barra hacia abajo con los pies. Esa herramienta sencilla es tan adecuada para los Andes que se sigue utilizando.

escalera flotante inca

Una vez que terminaban de construir el muro de una terraza, las personas llenaban el espacio detrás de la pared. Los materiales que usaban dependían del uso que se le daría a la terraza. Muchos muros se usaban para la agricultura. En esos tipos de terrazas se usaban materiales similares. Primero, los incas agregaban rocas y grava. Luego, agregaban arena. Sobre la arena, ponían tierra fértil. Las capas de roca, arena y tierra son **esenciales** para controlar el agua. Cada una de esas capas interactúa con el agua de manera diferente.

La tierra absorbe el agua. Se expande un poco, casi como una esponja. La arena también absorbe un poco de agua, pero no tanta como la tierra. El agua fluye rápidamente a través de la capa más baja, de grava y piedra. Si las terrazas tuvieran solamente tierra, el muro de piedra terminaría rompiéndose. La tierra se agranda cuando se moja y se achica cuando se seca, y ese ciclo terminaría dañando el muro de piedra. Pero las terrazas incas están diseñadas cuidadosamente de modo que haya tierra suficiente para las raíces de las plantas, y suficiente arena y roca para lograr un drenaje adecuado.

Los arqueólogos han descubierto una ventaja inesperada de las terrazas. Durante el día, los muros de piedra absorben el calor del sol. Por la noche, el calor se libera lentamente hacia la tierra, lo cual protege del frío a las frágiles raíces de las plantas. Las terrazas también son buenas para **conservar** el agua porque retienen la humedad incluso en los períodos secos.

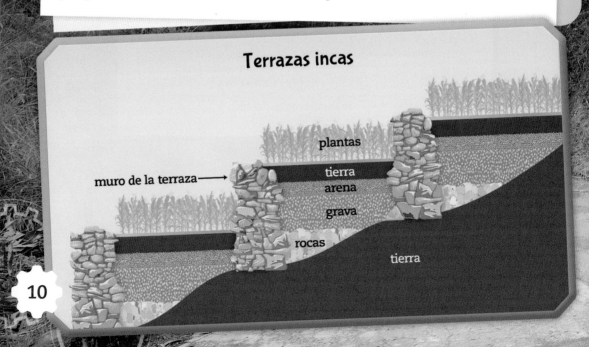

Terrazas incas

muro de la terraza →

plantas
tierra
arena
grava
rocas
tierra

Estas cascadas forman parte de los muros de las terrazas incas.

Este muro de neumáticos ayuda a controlar la erosión.

## INGENIERÍA

## Muros de neumáticos

Aún hoy se siguen construyendo terrazas en muchos lugares. Las personas se dieron cuenta de que los neumáticos apilados pueden servir de muro, y los neumáticos hechos trizas pueden reemplazar a la grava como parte del sistema de drenaje. Las terrazas son una buena manera de reutilizar los neumáticos en lugar de tirarlos en basurales.

En los Andes, una colina con terrazas puede contener muchos ambientes de cultivo distintos. Por ejemplo, las terrazas que están cerca de la cima de una colina a menudo son más frías. Las terrazas más bajas son más cálidas. Otras colinas pueden impedir que la luz del sol llegue a algunas partes, lo cual crea más diferencias de temperatura. Algunas zonas pueden quedar expuestas a vientos fuertes. Otras zonas cercanas pueden estar protegidas del viento. Debido a esas diferencias, es posible que un cultivo crezca bien en un lugar y no crezca para nada a pocos pies de distancia.

Para los incas, eso no era un problema. De hecho, era una ventaja. Los agricultores incas plantaban muchos cultivos diferentes en un mismo campo con terrazas. La papa, el maíz y la quinua eran los cultivos básicos. Es asombroso: en los Andes crecen unas 4,000 variedades de papa.

papas peruanas

La papa *huaña* es pequeña y rosada. Es muy amarga, pero puede guardarse hasta por tres años y crece incluso cuando hay **sequía**.

Los agricultores de los Andes aún hoy siguen experimentando y probando dónde pueden crecer mejor determinados cultivos. A veces cultivan cientos de tipos de papas en un mismo campo. Algunos tipos de papa son más resistentes a ciertos insectos. Otros pueden sobrevivir a las heladas. Otros incluso pueden crecer durante una sequía o en años en los que llueve mucho. Al plantar muchos tipos distintos de cultivos, los agricultores saben que al menos algunos crecerán bien.

La quinua se ha vuelto muy popular en todo el mundo debido a su sabor particular y a su alto contenido de proteínas, que la convierte en un buen sustituto de la carne.

cultivos de maíz en Perú

# Un palacio en las nubes

Antes de 1911, solo los lugareños conocían la existencia de las antiguas ruinas de piedra de Machu Picchu. Luego, un profesor llamado Hiram Bingham se encontró con el lugar. Algunas familias vivían cerca, en cabañas de madera, y cultivaban pequeñas parcelas de tierra en la cima de la montaña. Un hombre de la zona llevó a Bingham hasta las ruinas.

Hoy en día, Machu Picchu es uno de los lugares más famosos del mundo. Se cree que fue construido como **hacienda** real. Se posa en la cima de una empinada montaña. Parece un lugar **precario**, pero ha sobrevivido varios siglos.

El experto en agua Kenneth R. Wright sabe mucho sobre los métodos de construcción de los incas. Cree que los incas pasaron un año o dos estudiando el lugar antes de empezar a construir. Una vez empezada la construcción, a los incas les llevó unos 90 años terminar de construir el **complejo**.

Luego de regresar a Estados Unidos, Bingham se dedicó a la política. Fue elegido senador de Estados Unidos en 1924.

Machu Picchu recibe enormes cantidades de lluvia todos los años. Los deslizamientos de lodo son una gran amenaza. Unas 700 terrazas ayudan a combatir la erosión. Es como si las terrazas sujetaran la montaña para que quede en su lugar. Las piedras de Machu Picchu descansan sobre cimientos profundos debajo del suelo. Wright cree que los constructores incas pasaron la mitad del tiempo que tardaron en hacer esta construcción trabajando solo en los cimientos.

consecuencias de un deslizamiento de lodo

Machu Picchu

Cuando los arqueólogos estaban estudiando un patio de piedra, descubrieron lo avanzados que eran los métodos incas de manejo del agua. Al igual que cuando construían las terrazas, los incas crearon buenos sistemas de drenaje usando capas de tierra, arena y rocas. En Machu Picchu, lo hicieron a gran escala.

A 1 metro (3 pies) de profundidad debajo de las piedras del patio, los arqueólogos encontraron solo tierra. Luego, hallaron arena y grava. Siguieron excavando y encontraron pequeños trozos de granito. El granito había sobrado de la construcción de Machu Picchu. ¡Los arqueólogos tuvieron que excavar unos 3 m (9 ft) para llegar al fondo del sistema de drenaje!

Los ingenieros incas también diseñaron otros métodos para transportar el agua. Crearon un sistema de canales para llevar agua al complejo. El agua no era para regar los cultivos, sino para la comodidad y el bienestar de los habitantes. El emperador y todos quienes vivieran en Machu Picchu podían tener agua fresca cuando quisieran.

En lo alto del palacio, un manantial brota del suelo. El agua se junta en un estanque. Luego, fluye hacia un canal. Los incas hicieron el canal con piedras cortadas cuidadosamente. Las sellaban con arcilla para que el agua no se escapara por entre las piedras.

El canal mide 760 m (2,500 ft) en total y está un poco inclinado. La gravedad impulsa el agua hacia su destino.

canal inca

cascadas de un manantial inca

## CIENCIAS

### ¿Qué es un manantial?

Cuando llueve, el agua se filtra en el suelo. Luego, forma unas piletas llamadas acuíferos, que son como lagos subterráneos. Cuando un acuífero está lleno y el agua se ve obligada a salir a la superficie, se forma un manantial. De la tierra brota agua limpia y filtrada naturalmente.

dos de las 16 fuentes de Machu Picchu

**Promedio de lluvias en Perú**

Lluvias (mm)

| ENE | FEB | MAR | ABR | MAY | JUN | JUL | AGO | SEP | OCT | NOV | DIC |
|-----|-----|-----|-----|-----|-----|-----|-----|-----|-----|-----|-----|
| 154 | 119 | 109 | 41 | 9 | 18 | 8 | 10 | 14 | 47 | 77 | 110 |

El manantial que alimenta el canal no produce la misma cantidad de agua todo el año. Su caudal depende de la cantidad de lluvia que caiga y cuánta nieve se derrita, entre otros factores.

Los ingenieros incas diseñaron el canal para que funcionara incluso con poca agua. También construyeron dos dispositivos de seguridad en caso de que brotara demasiada agua hacia el canal. El primero desviaba el agua sobrante hacia los campos, donde se utilizaba para regar los cultivos. El segundo desviaba el agua hacia un drenaje ubicado en la ciudad.

Una vez que el agua llegaba a Machu Picchu, pasaba por una serie de fuentes. La primera estaba junto a la puerta del emperador. Él bebía el agua más limpia y fresca. De esa fuente, el agua fluía hacia un drenaje. Volvía a aparecer en otra fuente, un nivel más abajo. Luego, el agua pasaba por otro drenaje. Aparecía de vuelta un nivel más abajo, donde brotaba de otra fuente. En total, Machu Picchu tenía 16 fuentes. Todos los habitantes podían conseguir agua fresca fácilmente.

Para que las fuentes resultaran todavía más convenientes, los constructores incas hicieron que el chorro del agua tuviera el grosor exacto para poder llenar un *arybalo*. Esa jarra incaica tiene una boca estrecha. Las fuentes dirigían el agua de modo que cayera en un arco fino y controlado.

## ARTE

### Arte para guardar agua

Las jarras incaicas llamadas *arybalos* se hacían en una variedad de tamaños, entre 10 y 114 centímetros (4 a 45 pulgadas) de altura. La mayoría eran redondas con cuello delgado y base puntiaguda. La forma de la base servía para que la jarra no se derramara si se apoyaba sobre arena o tierra. Las jarras se hacían con arcilla de diferentes colores. Los incas pintaban patrones negros en la jarra siguiendo los diseños del lugar. Esas jarras eran parte de la vida cotidiana de los incas.

# Más maravillas

Tipón y Moray no son tan famosos como Machu Picchu, pero ambos lugares son maravillosos. Esos sitios muestran cómo los incas manejaban el agua y la tierra.

Tipón era una hacienda real. Está formada por 13 parcelas rectangulares. Las parcelas están reforzadas con terrazas. Un canal lleva agua a zonas de cultivo cercanas. También lleva agua a las dos terrazas más altas. Un manantial riega las otras terrazas.

Los arqueólogos han restaurado Tipón. El sistema de canales funciona como en la época de los incas. El recorrido del agua es deslumbrante y complejo.

ruinas de Tipón en el valle de Cusco, Perú

Una de las fuentes principales del complejo es un claro ejemplo de la habilidad de los incas. Dos canales se unen y luego vuelven a dividirse para formar cuatro canales. Los cuatro canales desembocan sobre una roca y crean una fuente. El agua vuelve a mezclarse. Luego vuelve a dividirse y toma dos caminos distintos. En total, el manantial de Tipón alimenta tres canales principales. Cada canal se bifurca muchas veces.

La manera en que se construyó Tipón les permitió a los incas controlar el agua. Se pueden colocar piedras en los canales para cortar el flujo del agua. Eso hace que fluya más agua hacia otros lugares. Todos los canales de Tipón funcionan con corrientes de agua fuertes y débiles.

Estos cuatro canales crean una fuente en Tipón.

En Tipón, el agua tiene caídas de hasta 4.5 m (15 ft) a medida que baja de una terraza a la otra. Esas caídas eran un desafío para los constructores incas. Si el agua salpicaba mucho, se desperdiciaba mucha agua y se arruinaba el efecto artístico de calma y control.

La solución fue crear canales verticales haciendo surcos en la piedra. De esa manera, el agua no se derrama sobre los muros como en una cascada. En cambio, el canal mantiene el agua en una línea recta y controlada. El agua llega al suelo con una pequeña salpicadura silenciosa.

Wright, el experto en agua, dice que Tipón es un "jardín de agua". Según él, "la corriente controlada con que fluye y cae el agua" crea "poesía **hidráulica**". Wright y otros creen que los incas construyeron Tipón para mostrar el gran nivel de control que tenían sobre el agua.

Si Tipón es la cumbre del manejo del agua de los incas, Moray tal vez sea el **pináculo** de la construcción de terrazas. En Moray, las terrazas son circulares. No suben por colinas ni montañas, sino que bajan hacia la tierra.

Nadie sabe por qué los incas construyeron Moray. Una de las teorías es que el sitio se usaba para investigar. Los científicos incas quizás usaban Moray para estudiar cultivos y crear **híbridos** nuevos de maíz y otras plantas.

muros de terrazas en Moray

## Agua de sobra

¿Cuánta agua usaba la gente de Tipón para limpiar, cocinar y beber? ¿Cuánto quedaba para las plantas? Los expertos han intentado responder esas preguntas. En Tipón vivían unas 80 personas. Si cada una usaba 10 litros (2.6 galones) de agua por día, usaban en total 800 L (211 gal.) de agua por día. El manantial de Tipón produce unos 1,000 L (264 gal.) de agua por minuto. ¡Las personas podían usar toda el agua que quisieran, y más!

Los canales verticales en esta fuente de Tipón ayudan a que las salpicaduras sean pequeñas.

Algunas personas piensan que Moray se construyó con otros fines. Las terrazas de Moray se hicieron con mucho cuidado. Forman círculos casi perfectos. Todo ese trabajo indica que el sitio se usaba para ceremonias de algún tipo.

Algunas personas piensan que Moray era un **anfiteatro** gigante. Moray tiene una **acústica** inusual. Las voces se oyen de manera muy clara, incluso desde lejos.

Algo que queda claro es que Moray ha sido habitada durante mucho tiempo. Algunas terrazas son anteriores a la llegada de los incas, y las personas cultivaron en Moray hasta la década de 1970. Algunos agricultores incluso recuerdan qué cultivos crecían mejor en distintos lugares.

el sitio inca de Moray

Moray también es poco común porque es un lugar muy seco. Los incas construyeron un sistema de **riego** para obtener agua de tres manantiales cercanos. Dos **embalses** se llenaban de agua en las épocas de lluvia. En los períodos secos, los agricultores incas liberaban de a poco el agua acumulada. El agua corría cuesta abajo a través canales y bajadas hacia cada nivel de las terrazas.

No se sabe bien cómo hacían los incas para esparcir el agua en cada nivel de las terrazas. Es posible que usaran un sistema de riego subterráneo. Si tal sistema existe, todavía nadie lo ha encontrado. Por ahora, Moray sigue siendo un misterio hermoso.

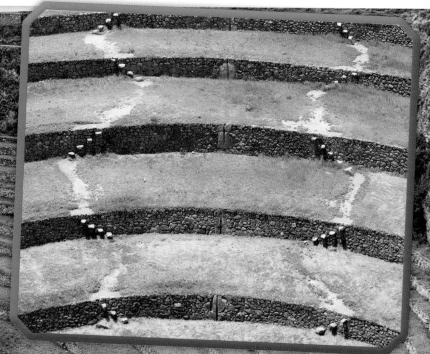

A principios de la década de 1930, Moray fue redescubierto por el resto del mundo cuando unas personas que viajaban en avión vieron las terrazas.

# Soluciones de ingeniería para el futuro

Los habitantes de los Andes viven en un medioambiente lleno de desafíos. Es difícil trasladarse en la alta montaña. El clima puede ser extremo. Incluso respirar puede ser difícil debido a que en las zonas más altas hay menos oxígeno.

En los Andes, hoy las personas enfrentan nuevos desafíos. La erosión se lleva la tierra de buena calidad. La comida moderna puede ser barata, pero no siempre es saludable. A causa del cambio climático, el tiempo se está volviendo más seco. Los cambios de temperatura se están volviendo más extremos.

Algunos ingenieros están estudiando el pasado en busca de ideas. Hay organizaciones que están ayudando a los agricultores a reparar las terrazas y los canales. Las estructuras incaicas pueden arreglarse a mano, sin usar herramientas eléctricas. La piedra y la arcilla son baratas o no tienen costo alguno. Construir a la manera de los incas no requiere hacer muchos viajes para comprar cosas.

Cusichaca Trust está restaurando esta área de Perú.

Cusichaca Trust es una de las organizaciones que están al frente de una iniciativa para restaurar las terrazas incas. Su objetivo es que todos los habitantes de Perú tengan una fuente segura de agua y alimento.

Las personas están regresando a la técnica incaica de plantar cultivos mixtos en la misma parcela. Los cultivos se ayudan y se protegen entre sí. Además, los cultivos tradicionales, como el calabacín y la quinua, son muy saludables. Los agricultores incluso están redescubriendo cultivos incas que hoy en día se cultivan muy poco, pero que pueden crecer bien en un clima cambiante.

En todo el territorio de lo que fue el Imperio inca, las terrazas son un claro recordatorio del pasado. Pero los incas y su ingeniería también forman parte del futuro.

Una agricultora moderna cosecha quinua.

# DESAFÍO DE CTIAM

## Define el problema

El agua de lluvia que cae sobre las laderas de las montañas corre hacia abajo y puede provocar deslizamientos de lodo y erosión. Los incas construyeron terrazas para reducir la fuerza y controlar el flujo del agua. Tu tarea es diseñar y construir un modelo de un sistema de terrazas en capas que pueda contener 1 litro (aproximadamente 1 cuarto de galón) de agua sin que rebalse en la terraza más baja.

 **Limitaciones:** Tu modelo debe incluir cuatro capas de terrazas y debe poder contener 1 L (aproximadamente 1 qt) de agua.

 **Criterios:** El modelo debe permitir que 1 L (aproximadamente 1 qt) de agua fluya desde la terraza superior hasta la base. El agua no podrá derramarse ni rebalsar tras llegar a la última terraza.

## 1 Investiga y piensa ideas

¿Qué beneficios obtenían los incas al construir terrazas? ¿Qué otras técnicas usaban los ingenieros incas para manejar el agua?

## 2 Diseña y construye

Dibuja tu sistema de terrazas. ¿Qué propósito cumple cada parte? ¿Cuáles son los materiales que mejor funcionarán? Construye el modelo.

## 3 Prueba y mejora

Vierte 1 L (aproximadamente 1 qt) de agua en la parte más alta del sistema. ¿El agua fluye de manera controlada? ¿Tu sistema de terrazas absorbe toda el agua? ¿Se derramó el agua cuando llegó a la capa inferior? ¿Cómo puedes mejorar el sistema? Modifica tu diseño y vuelve a intentarlo.

## 4 Reflexiona y comparte

¿Qué otros materiales puedes usar para construir tu modelo? ¿Puedes agregar más capas a tu diseño? ¿Cómo puedes modificar tu diseño para que el agua fluya más rápido o más lentamente a través del sistema?

# Glosario

**acústica**: las cualidades de un lugar que influyen en la manera en que viaja el sonido

**anfiteatro**: un espacio al aire libre para realizar conciertos, obras de teatro u otros eventos

**arqueólogos**: personas que estudian los objetos que han quedado de culturas anteriores

**canales**: sistemas de tuberías al aire libre, corrientes o ríos hechos por el ser humano para hacer llegar agua a un lugar o conectar fuentes de agua

**complejo**: un grupo de edificios que están cerca unos de otros y que se usan con un propósito en particular

**conservar**: ahorrar o usar menos

**embalses**: lagos artificiales u otras masas de agua que se crean para almacenar agua

**erosión**: la destrucción gradual de algo por la acción de fuerzas naturales

**esenciales**: necesarias y extremadamente importantes

**fértiles**: describe los suelos que permiten el crecimiento de muchos cultivos o plantas

**hacienda**: una casa grande rodeada de terrenos que se usan para cultivar

**híbridos**: nuevas plantas creadas al cruzar dos especies de plantas diferentes

**hidráulica**: relacionada con el arte de conducir y aprovechar las aguas

**pináculo**: el punto más alto

**precario**: no seguro, fuerte ni sólido

**resistentes**: describe cosas que resisten los daños

**restaurando**: reparando, recuperando

**riego**: un sistema que se utiliza para llevar agua a una zona a fin de regar las plantas

**sequía**: un período largo en el que no cae lluvia o hay muy pocas lluvias

**viñedos**: lugares donde se cultivan uvas para hacer vino

# Índice

## ¿Quieres aprender cómo las culturas diseñan soluciones para diferentes problemas?
### Estos son algunos consejos para empezar.

"Siempre me han gustado los idiomas y aprender sobre otras culturas. Tenía muchos amigos por correspondencia de otros países cuando iba a la escuela. Pregúntales a tus familiares y amigos qué problemas tienen. Luego, ¡puedes diseñar soluciones interesantes para esos problemas!". —*Amy Van Allen, gerenta general de proyecto*

"Como escritora y editora de un museo, combino mi cultura indígena con el amor por compartir historias. Es importante saber cómo tu cultura diseña soluciones. Luego, puedes participar del periódico o del club del anuario de tu escuela o escribir tus pensamientos en un diario para compartir tus historias". —*Tanya Thrasher (nación cheroqui), gerenta de publicaciones y editora en jefe*